城市影像档案

主 编 傅拥军

百年华丰

A HISTORY
OF HUAFENG PAPER MILL

钟黎明 著

浙江摄影出版社

工厂发电厂内放置的发电机的一角。

造纸机控制箱表面。

车间外一角。

11 号造纸机局部。

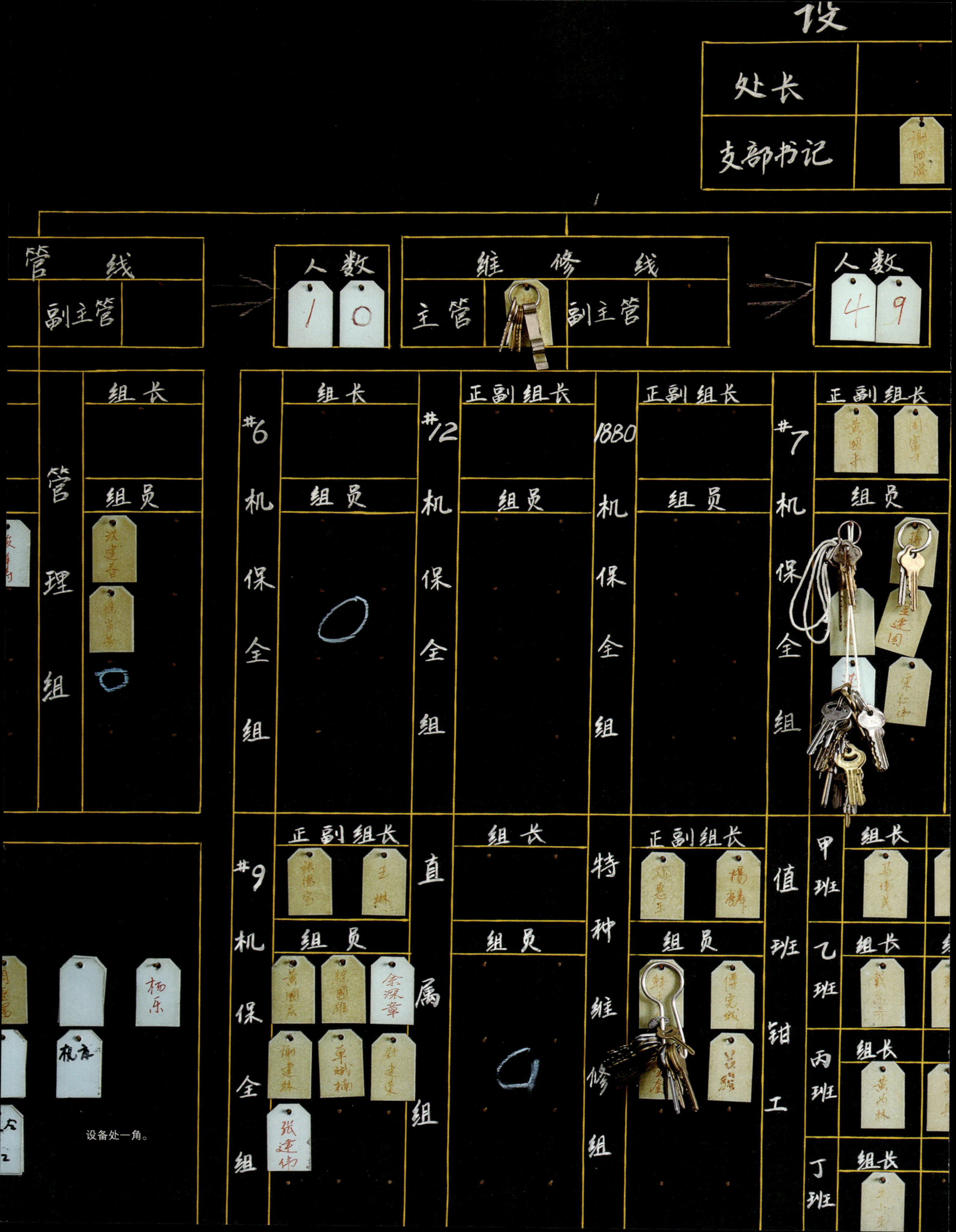

设

处长

支部书记

管线 | 人数 10 | 维修线 | 主管 | 副主管 | 人数 49

副主管

组长

管理组

组员

#6 机保全组　组长　组员　〇

#12 机保全组　正副组长　组员

1880 机保全组　正副组长　组员

#7 机保全组　正副组长　组员

#9 机保全组　正副组长　组员

直属组　组长　组员

特种维修组　正副组长　组员

值班 甲班 乙班 丙班 丁班　钳工

组长

设备处一角。

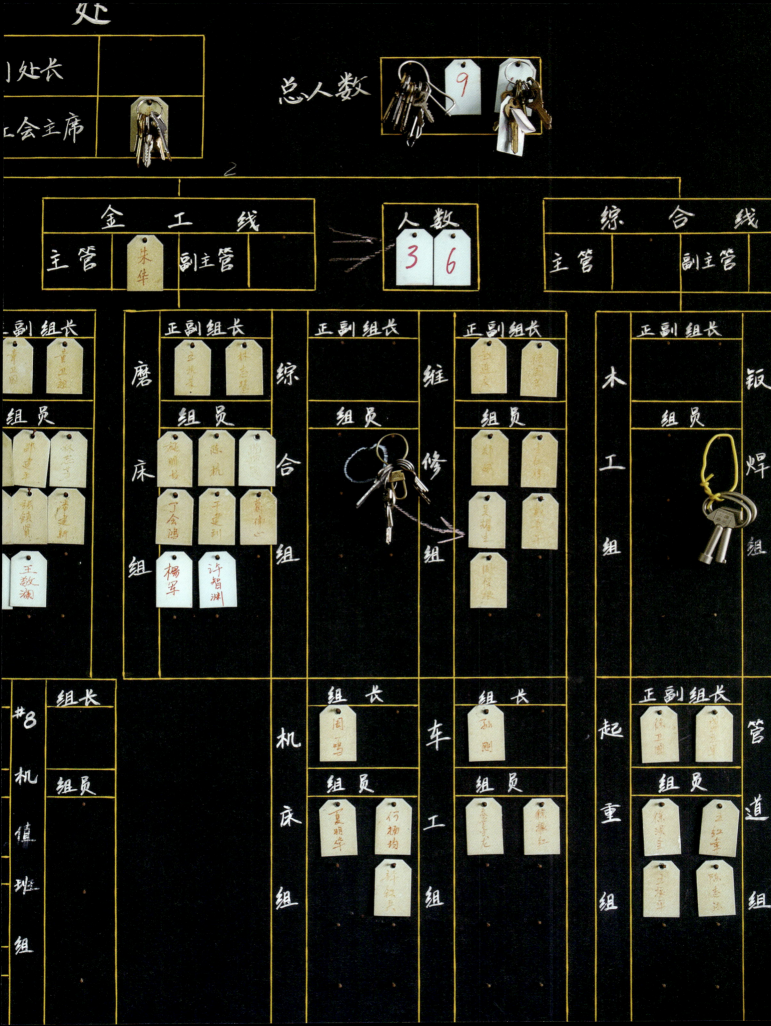

工具箱。

安装在高处的大喇叭。

城市有机更新，让生活更美好

王国平

中共浙江省委原常委、杭州市委原书记，现任浙江省人民政府咨询委员会副主任，
杭州城市学研究理事会理事长，浙江省城市治理研究中心主任、首席专家、浙江大
学兼职教授、兼职博士生导师、中央美术学院客座教授、客座博士生导师。

在《百年华丰》一书即将出版之际，钟黎明同志热情邀我作序。此书以500余幅弥足珍贵的照片记录了华丰百年变迁史，也见证了城市发展的"新天地"。在此，谨对《百年华丰》一书的出版表示热烈祝贺！

2000多年前，古希腊大思想家、大哲学家亚里士多德就说过："人们来到城市是为了生活，人们居住在城市是为了生活得更好。"作为一座建城5000多年的历史文化名城，杭州"城市有机更新"的最大创新，就在于：一、把城市作为一个"有机体"和"生命体"，引入了"城市更新"的概念，强调推进"城市有机更新"的实质就是走新型城市化道路；二、把生物学中的"生命"概念引入城市建设，把城市作为一个生命体来对待，突出"有机"二字。迈入21世纪以来，杭州通过老城区工业企业搬迁，搬出了"三个新天地"：实现工业企业的"脱胎换骨"，搬出新规模、新工艺、新设备、新产品，搬出了企业发展的"新天地"；调整产业结构，转变发展方式，搬出了杭州工业发展的"新天地"；"退二进三""优二兴三"，改善城市环境，提升城市品质，搬出了城市发展的"新天地"。

百年华丰，风华百年。在大运河南端的杭州拱墅区，曾经云集了杭一棉、浙麻、杭丝联、华丰造纸厂等一大批知名国有大厂，是浙江工业的摇篮，工业产值曾占杭州工业总产值的六成，辉煌一时，风头无两。华丰造纸厂创建于1922年，近百年的历史都和运河文化密切相关，几多辉煌，几多坎坷。随着城市化的快速推进与产业结构的不断调整，2017年华丰造纸厂全面启动搬迁，这也是杭州主城区最后一家搬迁的国有大型企业。

城市记忆，记忆城市。工业遗存是大运河文化带的组成部分和重要资源，如何保

护、传承、利用好这笔丰厚的文化遗产，是摆在所有人面前的一道必答之题。长期工作、生活在拱墅区的钟黎明，怀着强烈的责任感和使命感，深入华丰造纸厂老厂区进行拍摄。他把这些拍摄当成了城市有机更新中的历史文化抢救工程，邀请了近200名退休老职工与在职职工到原工作岗位深情回忆那段激情燃烧的岁月。

新时代、新机遇、新作为，"城市有机更新"不再只是一个理念，而是推动高质量发展、创造高品质生活的现实载体。一座城市就如同一个人，人有童年、少年、青年、老年，城市也一样，会留存下一些破旧的建筑和遗迹。正如同我们不能忘记自己的童年，我们也不能任意拆除那些"丑陋破败"的历史建筑。因为这些城市的"古董"，恰恰是城市的DNA，是城市的"胎记"。在保护的前提下求发展，在发展中更好地保护，这就是"城市有机更新"。

2019年7月　杭州

以摄影记录历史

郑时龄

中国科学院院士、法国建筑科学院院士、同济大学建筑与城市规划
学院教授、博士生导师。

　　摄影让我们了解世界，了解人类，了解自己。摄影能启发人们的洞察力，提高人们
的认知能力，激发人们的创造能力。通过摄影，我们几乎可以不出门就通晓天下事，它
改变了我们居住的世界中的各种关系，比如在社会生活、意识形态、公共事务方面，它
就有着强大的影响力。从这个意义上说，摄影师就是社会学家和历史学家。

　　钟黎明先生热爱摄影，尤其关注纪实摄影，它虽然属于小叙事，反映的却是社会现
实的真实事件和场景。他将杭州的快速变化执着地用镜头长年累月地记录下来，积累了
三大本珍贵的画册——反映华丰造纸厂变迁的《百年华丰》、反映杭州市政建设的《八
个冬夏》和反映杭州城中村改造的《石塘记》。

　　《百年华丰》记录了大运河对中国近代城市工业发展的贡献，从一家位于杭州传统
工业区的百年工厂的转型和关停，从一幅幅陌生而又似曾相识的照片中，从一张张历经
沧桑的脸上，可以深切地感知时代的变化，由此折射出社会的变迁，也让我们认识到生
态文明时代大运河带来的城市更新。画册中不仅仅有图片，还有人们的口述、摄影师的
评述以及工厂的大事记，这使画面栩栩如生。我们在看这本画册时，实际上也是在通读
中国工业的发展史。

　　杭州正在成为一座历史与现实交相辉映的现代城市，成为全世界都向往的"人间天
堂"，而这确确实实离不开凡人的辛勤劳作。从2012年起，钟先生持续拍摄杭州建筑工
地上的农民工，一幕幕我们通常不会见到，也很难体会到的场景，反映了建筑工人在建
造一座座宏伟的大厦时的艰辛——他们风雨无阻，不畏炎热，也无视严寒。照片也反映
了他们日常的蜗居生活。无须做任何的说明就会懂得，当代"人间天堂"城市发展的突

飞猛进是怎样得来的——城市的高铁、地铁、快速路网、高楼大厦，正是从来没有人称他们为英雄的农民工用汗水和血水浇铸出来的。这就是《八个冬夏》告诉我们的真实故事。

《石塘记》则从另一个侧面反映了我们这个时代城市的飞跃。城中村是大规模快速城市化带来的普遍现象，也是城市现代化过程中必然会面临的更新。这种现象正在杭州、上海、深圳、广州等很多城市发生，也会遍及中西部。照片留下了乡愁，也留下了对未来的美好想象。

从钟先生的纪实摄影中，我们可以体会到一位艺术评论家所说的："摄影不仅仅复制现实，还再循环现实——这是现代社会的一个重要步骤。事物和事件以摄影影像的形式被赋予新用途，被授予新意义，超越美与丑、真与假、有用与无用、好品位与坏品位之间的差别。"钟先生以敏锐的眼光深入考察现实，研究城市的历史，剖析对象，将它通过镜头记录下来。他的摄影作品多次获得各种奖项，这些真实的照片打动我们的不仅是场景上的震撼，还有摄影师的社会关怀和敬业精神——摄影师热爱杭州这座城市，照片既展示了现实，更让我们憧憬未来。

2020年5月27日

那里曾经如此

著名摄影家、摄影评论家、摄影史学者、《大众摄影》杂志主编。曾任《中国青年报》摄影部主任、中国摄影出版社常务副总编辑、《中国摄影》杂志主编。

近十年来，钟黎明先生在杭州运用历史文献（包括图像与文字）、现场视频及系统的、长时段的拍摄、调查，最终形成三个相互关联，且互为补充的影像田野调查文本。

作者关注的对象包括大运河畔百年民族工业的样本——华丰造纸厂，走到历史尽头的杭州城北传统村落——石塘村，中国目前最发达、经济活动最活跃的区域之一——杭州城区中来自中西部欠发达地区的普通劳动者——农民工。

民族自强、工业化、城市化、现代化等是时代的宏大主题、热点问题，我们每个人都像作者一样置身其中。钟先生的研究、拍摄充满强烈的历史意识，无时无处不把今日的景象、际遇置于历史的脉络之中，特别是历史的规定性之中梳理。面对现实，作者没有孤立地看待工业问题、农业问题，更不要说其间关涉的人的问题，也没有先入为主地把关注对象概念化、符号化，而是通过自己的视角，把历史与现实、人与物、视觉与思绪勾连，从而呈现出丰满而又扎实的表达。视觉化表达的过程中，作者的思考无处不在，但又不露声色，张弛有度。

面对这样的选题，作者关注的是其间的大众、日常、温和的人文主义视角赋予了历史与现实温情脉脉的面目。同时，可以看出，在呈现上，作者在努力克服熟悉的场景、生活方式带来的表达疲惫，努力将熟悉的场景陌生化。

深描（Thick Description）是美国文化人类学家格尔茨民族志实践最为核心的方法论路径。作者游走于所选择的案例时，显然得益于这一方法，无论是图像还是文字，历史文献还是个人表达，无不深入浅出，细密而又审慎地编织着意义之网。怎奈纸短情长，愿作者能继续编织更为丰富多元、勾连密实且具有反思精神的意义之网，未来可期!

现代化过程中,急剧的变化让人眩晕,记忆大多无所依傍。随着时间的推移,有理由相信,眼下这些诞生于杭州的"地方性知识",终将化为我们时代社会记忆的重要组成部分:

那里曾经如此!

2020年6月

赏华丰之风貌，存工业之历史

仲黎明

中国摄影家协会会员。

《钱江潮》获第10届国际新闻摄影比赛(华赛)自然类单幅铜奖；

《走出考场》入展第25届中国摄影艺术展；

《盒子》(长期关注类)入展第27届中国摄影艺术展；

《工地民工的蜗居生活》(组照)入展第16届中国国际摄影艺术展；

《群拍》获浙江省第15届摄影艺术展银奖；

《运河之夜》(组照)获浙江省第16届摄影艺术展银奖；

《石塘记》(手工书)获第3届宁波国际摄影周最佳展览奖、浙江省第17届摄影艺术展最佳图书奖；

《百年华丰》(视频纪录片)获第29届"金镜头"新闻视频优秀奖；

《百年华丰》(手工书)获第4届浙江省纪实摄影展最佳图书奖。

  大运河——一部书写在华夏大地上的宏伟诗篇。千百年来，她不断地推动其流域政治、经济、文化、社会的发展，福泽两岸芸芸众生。因运输之利、取水之便，近代以来，沿岸崛起了一座座工厂，承载着民族工业兴起的希冀。位于京杭大运河南端的杭州拱墅，是浙江省近代工业的发源地，至20世纪五六十年代，渐趋鼎盛并彪炳史册。此地曾云集了华丰造纸厂、杭州第一棉纺织厂、杭州丝绸印染联合厂、浙江麻纺织厂等一大批闻名中外的大中型企业。最辉煌的时期，拱墅曾经贡献了杭州全市60%的工业产值。进入21世纪，在向现代化迈进的征程中，杭州全力对运河进行了综合保护，全方位推进工业企业关停转迁。在此背景下，华丰造纸厂的关停、搬迁列上了市、区政府的议事日程。

  创立于1922年的华丰造纸厂位于京杭大运河河畔的杭州拱墅区和睦路555号，枕大运河支流西塘河。兴旺时期，厂区面积近千亩，有大型造纸机13台、职工5000余人，产品主要为卷烟纸，是国家重点造纸企业。在近百年的历史长河中，它曾经创造过无数辉煌：国内最早使用进口造纸机的企业；20世纪30年代，声名显赫的民族资本家竺梅先、金润庠等是华丰的主要投资人并在华丰担任重要职务，同时期，上海青帮重要人物杜月笙担任华丰的董事长；抗日战争、解放战争时期，多次进行反剥削、反压迫的罢工斗争；抗美援朝时期，集资购买6架战斗机，支援中国人民志愿军；社会主义改造时期，是全省第一家实现"公私合营"的企业；改革开放以后的1993年至2012年，走过了近20年的中外合资之路。华丰的经济效益、社会效益一直领先于全国同行。同时，华丰的职工收入高、福利好，厂办托儿所、幼儿园、学校、卫生所、疗养所、宿舍等一应俱全。华丰，是几代华丰人的集体记忆，更是我国新民主主义革命、社会主义革命和改革开放时期工业企业的一个缩影。

2017年4月，华丰造纸厂老厂区全面关停，次年启动拆迁工程。记录和整理华丰这段即将翻页的历史，留存她百年的记忆，很有意义。在这关停、搬迁之际，笔者花了一年多时间，以摄影、摄像、访谈、查阅档案等方式，将华丰这艘在大运河畔行驶了近百年的巨轮浓缩成此书，期许从中窥运河之嘉惠，赏华丰之风貌，存工业之历史。

2019年8月10日

目录

1	旧　影
31	口述历史
95	百年主要领导
101	华丰大事记
113	物　件
135	华丰精神
145	奖状、证件
153	拆　迁
173	建　筑
191	生产设备
199	红色标语
213	职工相册
225	《百年华丰》视频
227	后记

旧　影

　　历史上究竟有多少文献原件消失于时光中，相信没有人能够说得清楚。原件具有不可替代的珍贵性，这同时也注定了其无法以更广泛的形式进行展示和传播，但摄影弥补了这一缺憾。记录是摄影的重要功能，在众多再现的方式中，影像通常是最忠实的手段。照片定格了视线，从而让视野得到延伸和拓展。通过照片，我们得以借由他人的眼睛观看，因而看得更多、看得更远，历史场景也由此对我们敞开。华丰造纸厂的这些旧影，记录了重要文件、生产情况，以及职工之间的情谊，每一幕都是百年华丰的一个缩影。

民国时期工厂全景。工厂面向西塘河，西塘河为大运河的支流，离运河主航道只有500米。

主瑞先生民國二十一年五月二日

華豐造紙廠全人歡迎新

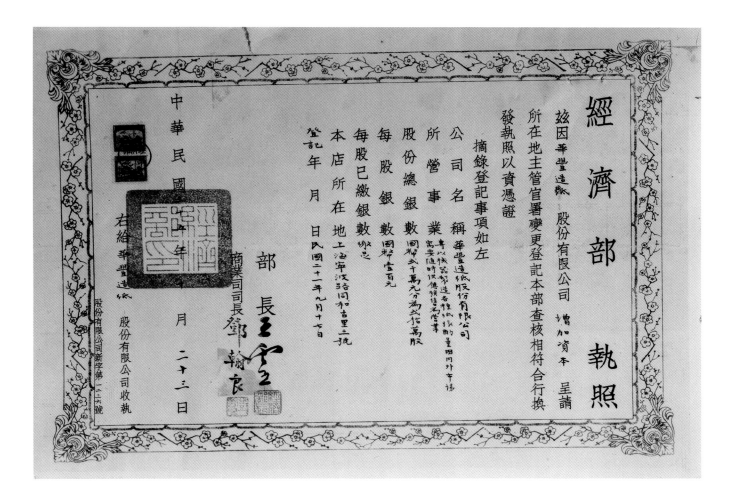

經　濟　部　執　照

兹因華豐造紙股份有限公司增加資本呈請

所在地主管官署覆更登記本部查核相符合行換

發執照以資憑證

摘錄登記事項如左

公　司　名　稱　華豐造紙股份有限公司

所　營　事　業　製以機器抄造各種紙料並營業務所需要通時供應領售各業

股　份　總　銀　數　國幣式十萬元分為式千股

每　股　銀　數　國幣壹百元

每股已繳銀數　如上

本　店　所　在　地　上海寧波路同和古里三號

登　記　年　月　日　民國二十一年九月十七日

部　長　王

商業司司長　鄧翰良

中華民國　　年　　月　二十三日

右給　華豐造紙股份有限公司收執

股份有限公司新字第一二六號

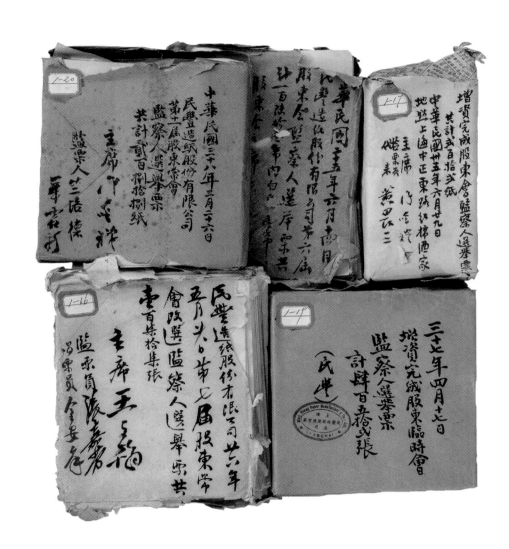

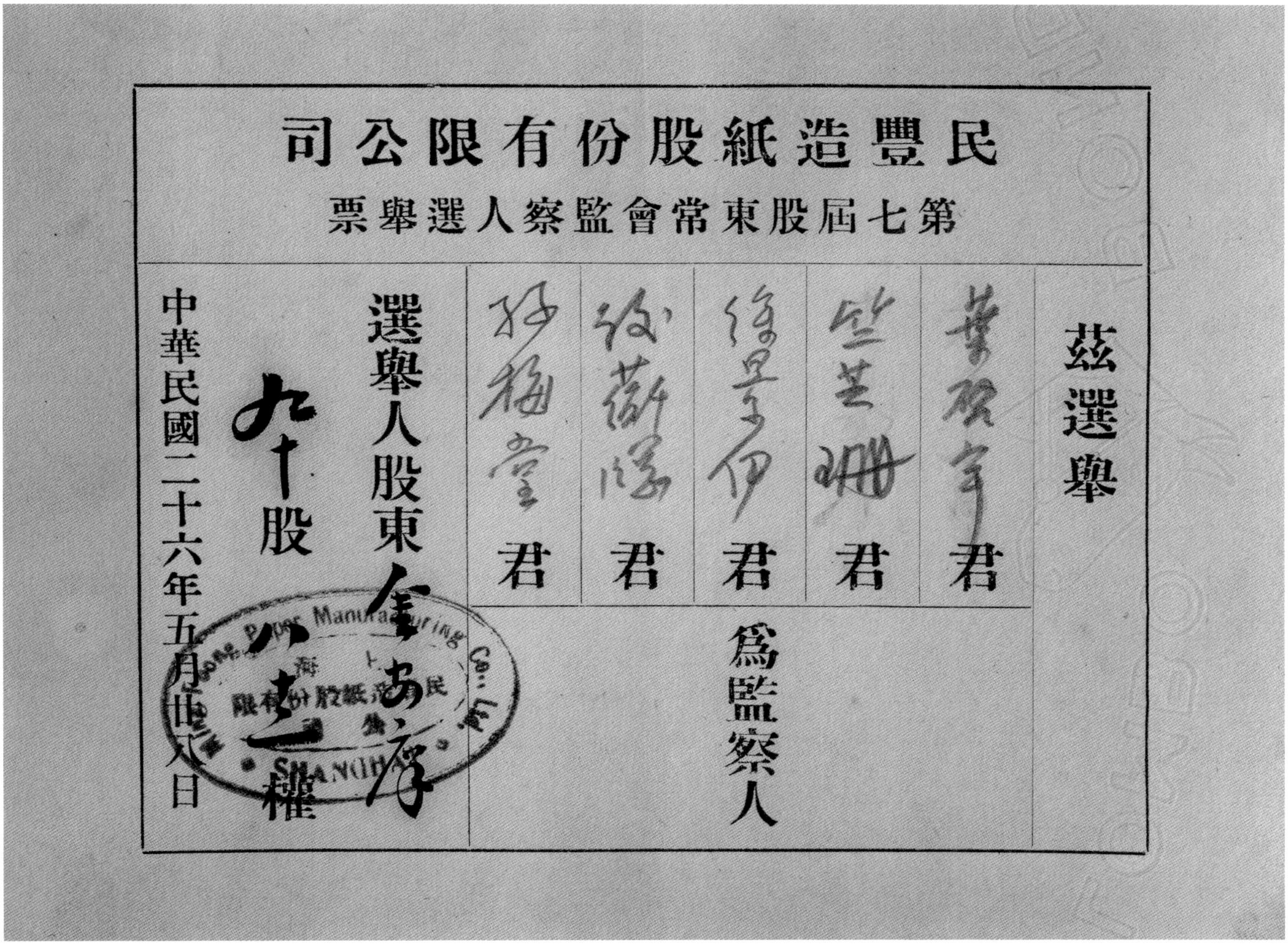

民豐造紙股份有限公司

第七屆股東常會監察人選舉票

兹選舉

葉硯宇 君	竺芝珊 君	徐星伊 君	俞漸陟 君	林梅堂 君

為監察人

選舉人股東 金安府

九十股

八十權

中華民國二十六年五月廿八日

储运股~成品装船

原料脫～稻艸堆坊

一号机蒸料间(~楼上装草入球)

一号机蒸料間楼上艸入球

Hud Fo Studio
杭州 活佛

二三号机切蔴間し切蔴車

二三號機切蔴間

Hud Fo Studio
杭州 活佛

切布間——切斬破布為小塊

製燒碱工場——以石灰及純碱製造液体燒碱供蒸料用

修理間～龍門鉋床

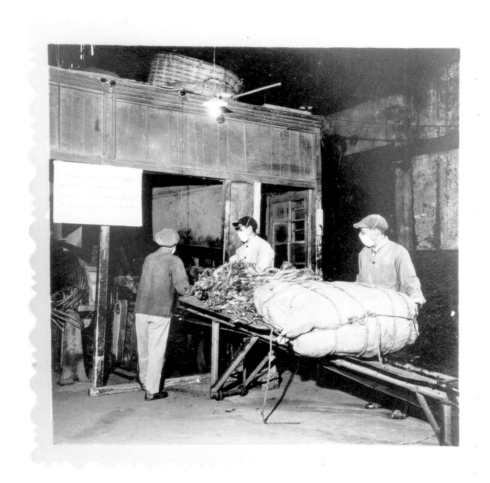

華丰造紙厂工会第十四届一次

中国共产党华丰造纸厂第一

員代表大会代表合影 1991年7月20日 杭州照相館攝

表大会全体代表合影 一九六三年二月十二日

21

金工车间内，工人们正在安装大型设备。

杭州市青年社会主义建设积极分子大会华丰造纸厂全体同志合影留念 一九五八·八·十二·

沈刚　施乃昌　雷金荣　许　岳震　陈光杰　林臣根

活佛照相馆
杭州仁和路

1955年浙江省省级先进生产小组
华丰造纸厂中心实验室全体留影

公私合营华丰造纸厂第一次
董事会议全体留影 一九五六年一月二十二时摄于杭州饭店

浙江省工业干部学校一支四组留念 60.11.1

欢送孟宪礼同志摄影留念 宁丰建机厂一九六〇年十月七日

厂领导谢家善、陆培成与青年职工交流。

华豐造綫廠工會第四屆集團結婚 1953 元旦

慶祝元旦

口述历史

人们所接触的历史往往是被重新构建了的历史，但实际上历史真实地发生在人们的生活中。书面记载是选择后的结果，有特定的视角，必定会有很多细节被遗漏、很多声音被埋没，口述历史可以弥补这一缺陷。虽然作为一门学科它出现得很晚，但应用却很早，中西方的古代历史中它均有出现。在华丰关停与搬迁的间隙，笔者邀请了近200名退休和在职职工来到他们曾经的工作之地，讲述他们亲身经历、亲眼所见、亲耳所闻的故事，带读者感受华丰具体而鲜活的昨天。

高锦坤

（1954—1995年在华丰工作，曾任行政科科长）

我1954年进入二车间，在2号机当学徒，一年半后升为生产组长。1960年隆冬的一个深夜，快交接班的时候，我不慎将手卷入运转中的烘缸和干毯之间，这导致我左手被轧、面部和身体被严重烫伤。所幸的是车间工友发现及时，他们迅速切断电源，停止运行设备，并及时将我送往医院抢救。当晚，厂党委组织两卡车工友去医院为我献血，并将此事紧急报告给市委书记，市委书记立即指示医院不惜一切代价抢救，最后我左手臂被截肢，但生命保住了。身体逐渐恢复后，厂党委决定让我离开生产一线，之后又任命我为行政科科长。每当想起这些，我深深地感受到华丰对我恩重如山，是共产党给了我第二次生命……

陆培成
（1968—2012年在华丰工作，曾任厂党委书记、厂长）

我是1968年进华丰当工人的，我不仅在生产岗位上向师傅们学习技术，更主要的是向他们学习怎样做人。一个企业要搞好，一是以厂为家，二是以人为本，靠自强，靠创新。1949年以前，华丰厂几经挫折，几度甚至被变卖。1949年以后，华丰厂焕发了生机，工厂发展的速度很快，从起初的2台造纸机逐渐增加到20世纪90年代初的12台，华丰也一跃成为国内卷烟纸生产的龙头企业，利税总额每年位于杭州市前列。同时，华丰造纸厂还派出技术人员指导当时新建的广州、牡丹江、淮南、岳阳等多家造纸厂的建设。2010年以后，华丰厂的生产经营遇到了很大的困难，经济效益逐渐走下坡路。2012年，综合方方面面的因素，华丰回购了外方合资公司的全部股权。2017年，企业搬迁了。目前安吉新华丰已经启用，作为一名对华丰有深厚感情的老同志，我深切地希望华丰能够重振雄风。

陈永联

（1954—1994年在华丰工作，曾任车间主任）

我是1954年进入华丰厂的，当了一年半的学徒工，这一年半里，没有工资，每个月只发1.5元的零用钱。按当时的厂规，学徒期满，表现好的留用，表现不好的就退回。当学徒期间，我打下了扎实的基础，之后的近40年里我换了多个岗位，担任过生产组长，还担任过四车间的车间主任。我一心扑在工作上，不但精心组织车间各项管理工作，还刻苦钻研业务技术，曾经发明了"断纸信号阀"，得到厂部的高度肯定。妻子韩彩凤是我的工友，童工出身的她，后来被提拔为华丰的副厂长。

曹翠

（1972—2007年在华丰工作，曾任工艺部部长、副总工程师）

我1952年考入清华大学，1954年到苏联攻读造纸工艺专业，1959年毕业后被分配到保定钞票纸制造厂，从事小额钞票纸的研发工作。1972年，为了照顾孩子，我调到杭州华丰造纸厂。一到华丰，我便着手研发精度要求极高的外文版《毛泽东选集》的用纸，并获得成功。"文化大革命"结束后，我们把原有的4台小型造纸机进行了技术改造，上马了一台比较先进的7号机。20世纪90年代初，国外引进的卷烟机速度高达每分钟5000支，7号机生产的卷烟纸逐渐跟不上市场需求，于是厂长谢家善组织我们研制代号为01、03的纸，并获得浙江省科技进步三等奖。尤为可喜的是，这两个新产品分别在1990年、1991年享受到了新产品免税政策，共免税2400万元，为企业度过困难时期发挥了很大的作用。

王国伟

（1978—2013年在华丰工作，曾任合资公司副总经理）

我是1978年顶我父亲的职，以黑龙江插队知青的身份来到华丰的。我当过工人、值班长、车间副主任、主任、生产部部长，2006年开始任合资公司副总经理，直到2013年退休。在华丰工作的近36个年头里，有许许多多挥之不去的记忆，其中我印象最深的是1995年7号机的技术改造。当时，为了夺回逐渐被进口卷烟纸占领的国内市场，我组织带领技术人员每天工作到凌晨，甚至通宵达旦，病倒了还继续坚持工作，终于在100天的时间里，拿下了按常规需要两年时间才能完成的艰巨任务。当第一张HH150高档卷烟盘纸生产出来时，现场的战友们个个喜极而泣。

张泽华
（1978—2007年在华丰工作，老职工）

1978年我从上海调到杭州华丰造纸厂，在二车间担任保全工，一干就是近30年。华丰对职工很爱护，把我调到华丰是厂部的决定——厂领导让我来杭州陪伴、照顾华丰子弟小学创办人之一的母亲。当时华丰厂的待遇很好，要进华丰是非常困难的，而我连调动的手续都是厂劳资科等部门给"包办"的，之后厂里还把我们母子的住房换成了大的。我留恋华丰，感恩华丰，希望华丰在下一个百年中重领我国造纸业的风骚。

黄国盛

（1979 年至今在华丰工作，职工）

我1975年去农村插队落户，1979年顶父亲的职进入华
丰造纸厂。几十年来，华丰厂不断发展壮大，发生了
翻天覆地的变化，不管是3号机、12号机改造、10号
机上马，还是中外合资时的7号机、8号机上马，我都
亲眼所见并直接参与。随着杭州城市功能的转变，华
丰厂搬迁了。我非常怀念华丰的过去。

郑春新

（1982年至今在华丰工作，曾任厂党委书记，现任工会主席）

华丰厂是我国工业的一面旗帜，更是全国造纸业的标杆，自中华人民共和国成立以来对国家做出的总贡献可以再建4个华丰厂。我1982年退伍后被分配到华丰，工种是最苦、最脏、最累的切料工。在华丰的近40年里，我先后担任了车间团支部书记、党支部书记、销售部经理、公司党委书记、集团公司工会主席等职务。华丰一直注重党的组织建设和职工的思想建设，充分发挥共产党员的先锋模范作用。在经济效益不断攀升的同时，华丰还非常注重职工的收入和福利：中华人民共和国成立前就有了学校，中华人民共和国成立后相当长的时期里，托儿所、学校、电影院、图书馆、医务室、储蓄所、电视台等生活、文化设施非常完备。

吴德奎
（1945—1986 年在华丰工作，老职工）

1945 年我从嘉兴民丰造纸厂调到华丰造纸厂。华丰的待遇一直很好，20 世纪 50 年代起，社会上就流行着一句顺口溜："要赚大钱到华丰，要找对象到丝织厂。"我的工资很高，1949 年初每月就有 146 元，与当时的市长、厂长一样高。我在华丰厂工作了 40 多年，时时都有一种身为主人翁的自豪感。我退休以后也没有离开华丰，一直居住在华丰社区。社区生活保障、文化娱乐设施很齐全，退休老工人都感到生活方便、心情愉快。我已经 90 多岁了，身体很健康，还每天骑自行车去锻炼身体、下棋、唱歌。

唐云
（1979年至今在华丰工作，曾任厂党办主任）

1979年经过统一招工考试，我进入了华丰，先在1号机当了两年学徒。华丰是一个非常锻炼人的地方，2011年，我担任了厂纪委副书记、党办主任。华丰已经有近100年的历史了，经历了新民主主义革命、社会主义建设、改革开放等几个不同的阶段，每个阶段都有不同的作为。"大跃进"时期，华丰响应国家的号召，大炼钢铁、生产水泥，建立了多个化工车间，生产化学纤维。"文化大革命"时期，生产的《毛泽东选集》用的政文纸，在全国独占鳌头。改革开放以后，进口卷烟纸对国内造纸业冲击较大，于是我们积极引进外资和国际先进设备，很快在国内率先生产出能替代进口纸的高档卷烟纸，企业的经济效益得以回升，并为国家节约了大量外汇。2012年，随着生产经营的萎缩，华丰回购了外方的股份。2017年，企业搬迁到安吉天子湖。作为一名在华丰奋斗了40年的老职工，我十分怀念过去在华丰的奋斗岁月，十分希望安吉新华丰稳步向前进。

朱华

（1979年至今在华丰工作，设备处主管）

我1979年进入华丰设备科，至今已有40年了，华丰的
每个角角落落都流有我们的汗水。20世纪80年代，厂
部派技术骨干到宁波白板纸厂安装进口造纸机，我负
责带队去那里工作了3年，直至把纸成功生产出来。
1993年，华丰厂成为合资公司。两年以后的1995年，
领导决定对7号机进行先进技术改造，要求100天必
须完成任务，我们不计报酬，没日没夜地工作，组织
上给了我们很高的评价。华丰是我一生的寄托，眼下，
老华丰已经全面关停，回想过去的奋斗岁月，我非常
不舍。

金先治
（1954—1998年在华丰工作，曾任副厂长）

我1954年进入华丰当学徒，一年半以后被定为四级工，四级工有55块6毛6分的工资，当时够全家用了。我在华丰留下的回忆实在太多了，我很留恋在华丰的日子。1958年4月9日，时任国家副主席的朱德同志到华丰视察，他深入多个车间、班组，当时在厂保卫科工作的我就跟在他后面紧张地跑。60多年过去了，朱老总的音容笑貌还时常浮现在我的脑海里。1959年，我被保送到北京轻工业学院纸浆造纸专业学习了3年。1964年，我被调到轻工业部干部室担任秘书。之后，我又被派往广西桂林第二造纸厂先后任副厂长、厂长，在桂林足足干了20年。54岁那年我重回华丰，1991年，担任华丰副厂长，一直干到退休。

孙爱芝
（1949—1987年在华丰工作，老职工）

我进厂的时候还是旧社会，那时全厂只有一辆滑板车、一台黄板纸造纸机、一台香烟纸造纸机。那时，我又瘦又小，资本家看我这么矮小，不让我工作，就把我的牌子收掉了，不让我留在厂里。后来，有一位在同车间上班的姐姐用4块砖头把我垫高，并用破布把我的脚遮住，这样从外面就看不出来了，我便这样蒙混过关了。1949年5月，杭州解放了，工人翻身了，我白天劳动，晚上进厂里的文化速成班学习。一年以后，我从一个字不识的文盲，成了能读报、会写日记的"文化人"。我担任过车间的生产组长，还担任过车间党支部委员、工会主席。"文化大革命"期间，我被派往外厂参加"工宣队"，造反派要停产闹革命，我坚决制止，有几次差一点跟他们动手打起来。老伴是同厂保卫科的，人很厚道，我们家孩子多，我一心扑在工作上，顾不上家，所以孩子们都是由老伴一手带大的，现在老伴因病已多年卧床不起，每当想起老伴的好，我心里都很内疚。退休后，我又担任了10年的华丰居委会主任，我很乐意在退休后继续为华丰的街坊邻居们服务。

吴军荣
（1978年至今在华丰工作，安保处副处长）

我是以全民办集体职工的身份进厂的，从司炉工开始做起，一直做到工段长、车间团支部书记。1987年，我光荣地加入了中国共产党。前妻是我同一个车间的工友，女儿是在华丰子弟学校上的学。1990年，我调到厂保卫科，当时保卫科与厂派出所是"两块牌子、一套班子"。20世纪八九十年代，华丰对民兵工作很重视，组织体系很健全，每年都要集中培训，我是民兵训练的教官。2017年公司关停过程中，对职工分流安置的政策很优惠，这使企业得以平稳过渡。

赵恺珣
（2015年至今在华丰工作，职工）

我大学毕业后志愿到华丰工作，开始在8号机车间上班，一年半后到安吉新华丰。我的外公、外婆、爷爷、奶奶、爸爸、妈妈、伯父都是华丰工人。作为新一代华丰人，我要继承祖辈父辈们艰苦奋斗、以厂为家的光荣传统，刻苦钻研，努力掌握现代生产技术，为新华丰再创辉煌而奋斗。

金玉如

（1931—1961年期间出资并担任华丰厂重要领导职务的金润庠先生的孙女）

我和我的丈夫虽然没有在华丰工作过，但是我的家族与华丰休戚与共。我爷爷1931年就与竺梅先等实业家投资华丰厂。当时的形势是，孔祥熙的大儿子利用手中的权力，把伪币换成外汇，疯狂地倒买卷烟纸，冲击民族造纸业。我爷爷愤然联合其他爱国资本家进行了坚决的抵制，最终取得了胜利。爷爷一生为华丰发展呕心沥血。1961年爷爷去世时，敬爱的周恩来总理敬献了花圈。我父亲金志朗是爷爷的长子，爷爷对父亲要求很严，父亲从美国的大学毕业后，爷爷要求他回国为华丰效力。之后，父亲一直在华丰担任副厂长。父亲的主要工作是培养专业人才，他亲自兼任华丰技校校长，即便是在"文化大革命"期间遭受极不公正待遇的岁月里，依然一如既往。我的青少年时期在华丰居民区度过，是听着华丰的故事、看着华丰的变化长大的，华丰给我和我的家庭留下了终生难以忘怀的记忆。

沙萍
（1948—1950年在华丰工作，1950—1966年担任华丰居委会主任）

我1918年出生，2019年已经过100岁了，走不动了，今天是小女儿用轮椅推着我再回华丰的，这可能是我最后一次回华丰了，因为华丰要拆了。我在华丰的时间很短，但我与华丰联系紧密。我丈夫张悦义20世纪50年代就是华丰造纸厂的技术骨干，1955年出席了全国轻工业系统先进人物表彰大会，受到了毛主席的亲切接见。我大半辈子都在华丰家属区生活。1950年起，我担任华丰居委会主任。1957年，我被推荐出席全国职工家属代表大会，并担任浙江代表团副团长，在中南海受到毛主席、周总理等党和国家领导人的亲切接见。

钱致礼
（1950—2018年在华丰工作，曾任厂总工程师）

我叫钱致礼，边上这位是我的爱人张福南。20世纪50年代初，我俩先后来到华丰造纸厂，我一直从事技术工作，曾经担任过总工程师，爱人在财务科做成本会计。几十年来，我们经历了华丰各个阶段的发展，也经受了风风雨雨的考验，我觉得华丰最大的财富就是创新精神。华丰不断在管理、体制、机制、技术改造、新产品开发上实现新的突破，取得了一个又一个新的成绩，这其中也包含了我们的一些微薄贡献。我们深爱华丰，退休前全身心地扑在事业上，退休后还时刻关心着华丰的建设，每个月都要去厂里看看，以后坐着轮椅也要去，我们永远是华丰人。

黄玉彩

（右二，1957—1985年在华丰工作，老职工）

我身边的三位是我的女儿，跟我一样，她们都是华丰的职工，而且都已经从华丰退休。华丰是个完整的"小社会"，工厂围墙外面就是华丰居民区，居民区里住着1000多户"华丰人家"。居民区里有托儿所、幼儿园、小学、初中、高中、大专、技校、农贸市场、休养所、医务室等，福利保障很齐全，职工们在生活上没有后顾之忧。华丰有自己的"方言"，我们互相之间讲的都是"华丰话"。华丰也是一个"家族企业"，许多家庭几代人都在华丰上班，我和我的丈夫、父亲、公公、三个女儿、一个儿子、两个女婿都是华丰职工，我们把华丰当成自己的家。

陈刚
（1969—2004年在华丰工作，老职工）

我身边这位是我的爱人伍卫红，我们都是从华丰退休的。1969年我从黑龙江大庆油田回到杭州，进入华丰，2004年退休。华丰的领导有个鲜明的特点，就是任人唯贤、用人所长。就拿我来说吧，在黑龙江插队时我是工农兵大学生，学的是机械专业，所以回到华丰后，领导就安排我先后在2号机、3号机当保全组组长，使我能够有发挥特长的机会。20世纪80年代，厂党委对提高职工素质很重视，鼓励青年职工利用业余时间学习，还选拔优秀青年带薪学习。那时，我报考了杭州大学法律系，经过几年的刻苦学习，我掌握了一定的法律知识。1993年，合资公司成立之初，厂党委就让我从事公司法律事务相关工作，又一次使我有了用武之地。我没有辜负组织的培养和信任，无论在哪个岗位上，都尽心尽责地工作。

毛松寿

（左，1961—2008年在华丰工作，曾任副厂长）

我身旁的是我的徒弟。我1961年进华丰，先在厂原料科工作。"文化大革命"时期，不少企业停产闹革命了，而华丰造纸厂始终没有停过产，一直是杭州市的利税大户，华丰工人是了不起的。华丰是我奋斗一生的地方，现在搬迁了，我真的依依不舍。我已将华丰建厂70周年庆典上发给我的纪念品——搪瓷碗和"30周年工龄纪念章"等老物件捐献给了华丰社区历史陈列馆，以作永久的展陈和纪念。

王林

（右，1978—2005年在华丰工作，曾任汽车队队长）

我叫王林，在华丰出生、上学、工作。1985—1992年担任汽车队队长。我旁边的这位叫吴诗泉，是我担任队长期间的车队调度，我卸任之后，诗泉接任。20世纪80年代到90年代初，是华丰造纸厂的鼎盛时期，当时我们厂的卷烟纸畅销全国各大烟厂，前来提货的车辆常常排成长龙。在这样的形势下，我们车队的运输任务非常艰巨，卡车司机从杭州到上海一天要跑两个来回，更远的，比如海口、广州、青岛、济南、郑州等地的各大烟厂我们也都直接开车送过去，这是我最引以为豪的人生阶段。

方志军
（右，1978—2008年在华丰工作，老职工）

我叫方志军，我身边的这位是我的胞妹方小军。我们家从我爷
爷开始一直到我的孙子，有五代华丰人。几十年来，我深深地
感到华丰厂很关爱职工 ——培养我入党，培养我妹妹当幼儿
园园长、厂工会副主席。华丰对老工人也非常关心，实行退休
职工社会化管理以后，每年春节都给我们发放福利。企业关停
时，每位退休职工还拿到了4000元的安抚费。另外，厂部还为
当时每位厂幼儿园老师解决了编制问题。数十年，几代人，职
工们始终怀有一种身为企业主人翁的责任感和自豪感。

林洪根

（中，1954—1993年在华丰工作，曾任厂供销科党支部书记、科长）

我身旁的两位是我当年的徒弟。我1954年6月进华丰当钳工，一年半后转为正式职工。我1956年入团，1959年入党，担任过厂团委副书记，之后在党委办公室、保卫科、供销科等部门工作，1993年7月退休。记得1959年，厂党委决定抽调一批青工组成青年突击队，由我担任队长。我们自行设计、制造、安装造纸机，最关键的时候，我曾经七天七夜没合眼，最后研发终于获得成功，这台造纸机被命名为"青年号"。

孙继林

（右，1958—2002年在华丰工作，曾任厂制造科科长）

我1958年进厂，从钳工学徒开始，跟着师傅投身设备制造，一直做到了工程师、制造科科长。华丰的发展一直比较快，20世纪70年代，人均利润就达到1万元，当时全厂有四五千人，利润相当可观。在"赶英超美"的热潮中，厂党委号召全厂职工努力工作，那时我们经常劳动到深夜，不计报酬，也不怕苦。我记得我和师傅林洪根两个人三个月安装了两台造纸机。1961年，厂里派我们去支援富阳造纸厂，他们的第一台造纸机就是我们安装的。

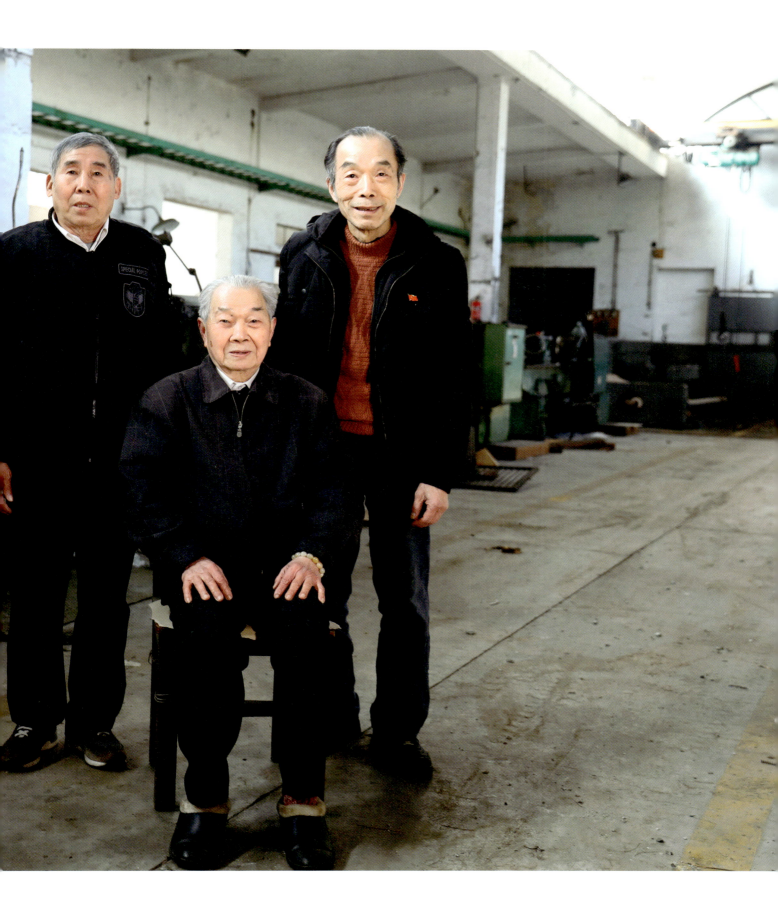

李新荣

（左，1967—1997年在华丰工作，华丰子弟学校老教师）

我叫李新荣，边上两位是我当年在子弟学校工作时的同事，我们共同在华丰教书育人。有不少教师在中华人民共和国成立前夕就在学校了，学校里学生最多的时候有1000多人。因为是子弟学校，所以学生、教师、家长之间的关系特别亲近。我是1967年调到华丰子弟学校的，正值轰轰烈烈的"文化大革命"高潮时期，有些学生存在"读书无用论"的思想，我们做了很多耐心细致的思想工作，同时增加家访次数，争取家长的配合。通过我们的努力，孩子们的思想有了很大的转变。孩子们毕业以后，有的到轻工业局当领导，有的参军保家卫国，有的到华丰或其他企业工作，不少后来成了骨干和领导。几十年过去，现在到了教师节、春节，还有一批批的"孩子们"来看望我们。每当回忆起往事，我心潮起伏。

陈来源
（右三，1952—1994 年在华丰工作，曾任厂卫生所所长）

我叫陈来源，我身旁的几位都是我当年在厂卫生所工作时的老同事。我是 1952 年被分配到华丰造纸厂卫生所的，和另一位老医生同时调入。在我们之前，卫生所已有四人：两个医生，一个护士，一个助产士。在当时的交通条件下，华丰离市区较远，所以女工生孩子都在厂里的卫生所生。随着华丰的发展，卫生所的规模也逐渐扩大，人员不断增加，化验室、中医科、中药房、推拿针灸科、骨科等先后设立。病房也建立了起来，患重病、疑难杂症的职工就入住病房，病房实行 24 小时值班制。后来，又陆续建立了职工医疗保健档案、卫生防疫、职业病防治等制度。为方便职工，卫生所还提供煎药服务。20 世纪 90 年代后，"企业办社会"的情况开始转变，1994 年，厂卫生所被撤销了，我们这些老同志虽心存不舍，但冷静想想，这也说明了社会的进步。眼下，企业已经搬离，虽惋惜，但同时也是件好事，因为城市老工业企业关停并转能减少城市的污染，我们搞了一辈子的医务工作，深感人的健康比什么都重要。

王海佩
（2012年至今在华丰工作，华丰集团董事长、党委书记、总经理）

华丰成立于1922年，已有近百年的历史。经历了民族资本时期、计划经济时期和改革开放时期三个发展阶段，华丰从无到有、从小到大，发展成为中国造纸行业的骨干企业和中国卷烟纸行业的龙头企业。因城市发展的需要，2017年旧厂整体关停，新华丰在安吉天子湖工业园落户。在那里，我们使用了世界上最先进的造纸机，采用了最前沿的技术和管理方式。作为承上启下的华丰"掌门人"，我相信华丰精神将在我们这一代人的手中继承和弘扬，华丰的明天一定会更加美好。

王林 (1978-2005)
27年
汽车队 队长
4.28

徐美姑 (1945-1980)
35年
2会职工
3.31

夫：陈小云 (1979-2015) 36年
车间工人
妻：金兰娟 (1979-2009) 31年
车间工人

叶玲眉 (1959-1991) 33年
汽车队
3.11

夫：韩重申 (1975.3-2013.")
39年 组织科科长
妻：钱启红 (1977.12-2012.)
35年 劳动工资员

孙爱芝 (1949-1987.7)
38年
三车间工会主席
3.11

黄松良 (1959~1993) 35年
培训教育科老师
3.11

陈宁生 (1959-1997) 39年
供应科

父：梅祖安 (1949-2004) 56年
总工程师（教授级高工）
女儿：梅晓惠 (1978-2014) 37年
动力电机工
女婿：乐屏 (1978-2017) 40年
钳工

单文楠 (2001年-至今)
设备处-#9机
钳工

解泉香 (1958年-1998年)
40年
丁长

李善琴 (1982-1998)
林国珠 (1982-1996)
36年 华丰子弟校
16年
机电分部 教师
3.31

夫：石新民 (1970-2008) 39年
管道工
妻：胡蓉 (1986-1999) 14年
食堂职工

父：朱玲根 (1956-1993) 37年
原铸钢职工
子：朱勇生 (1981-2017) 37年
包储站职工 3.11

王海佩 (2012-2018)
集团党委书记董事长
总经理

夫：钱致礼 (1950-至今) 68年
总工程师
妻：张福南 (1950-1984) 34年
财务科会计

张志新 40年 (18-2018)
一车间主任 党支部书记

张建伟 (2011年-至今)
设备处-#9机
钳工

袁鸣 （安吉）
(1988-2018)
综合管理部经理
4.22

李新荣 (1967-1997)
30年
华丰子弟学校
教师
3.31

陈如岩
40年 (19年-2018年) 车间主任

母：陈宝花 (1947-1980) 工人
儿：陈岩 (1980-1994) 工人
媳：孙丽晖 (2008-2016)
华社区离工作人员
3.11

蔡耀辉 (1998-2018)
华丰集团 董事会秘书
总经理助理 党政办主任

沈水林 (1983-2018) 31
包装材料中心职工

营金兰 (2013年-至今)
质管中心
检验员

张福财
(1962-2000年) 38年
消防队
4.21

徐跃东 (1998-2018)
20年
销售部员工
3.16

应玉兰 (2003~2018)
华丰社区党委书记
4.28

翁建康 (1979进厂-2012退休)
32年
1979-2012
计划生育科
3.31

杨建国 （安吉）
1995-2018
(23年) 集团工会副主席

严明　37年　1981年—2017年
3.7　　仓储处 处长

陈爱香　24年 (1980－2004)
7号机

胡雪梅
安吉 (2010－2018)
生产车间：职工
4.22

韩往军
安吉 1995－2018
生产车间 职工
4.22

陈永联　85岁
车间主任
41年 (1954－1994)　3.10

江敏光
(1979－2015) 印刷主管

练杰 (2013年—至今)
技术中心
研发员

宋渭强 (1979－2018)
40年
华丰轻华热电值班长
3.15

王阿南　(1978－2013) 36年
常务副总
3.10

吴德奎．41年
造纸工

刘建明 (1996－2018)
22年　销售公司二部部长

陈永兵
28年
分配值班

沈水者
1958——1993 (35年)
华丰3车间挡车工师
3.31

唐玄 (1979－2018)
39年　党办主任

蓝志芳　工龄40年 1979—2018年．
消防队班长．
3.7

金怡如 (浙江树人大学)
金润库孙女　金志朗女儿

金元治
(1954－1998)
44年
生产副厂长
3.11

许茂燕．
安吉 (2003－2018)
生产车间：职工
4.22

徐国平 (1980－2018)
38年
车队人长
3.14

黄阿盛　1979——2018
39年
动力处 员工
3.8

管鸿福　1948年—1987　临用3年　工作期间　65年
供销科科长

杨素土　44年 从推测 车间主任

朱午　39年 设备处
(1979——2018年) 主管
3.8

杨麟 (1978－2018) 40年
设备处 职工

陈海江
1975——2010
大食堂
4.23

余其 (1996－2018)
23年
物资部 保管员
3.16

梁国永　38年
1980－2018
送料工

刘国军　1980——2018
38年　包装材料班
3.8

李国明 (1980－2018)
38年 总务处 副主管

毛松青　1961工
2008
副厂长　47年

朱玉明
安吉 (1990——2018)
生产车间 职工．

洪晓锋
安吉　1995—2018
生产车间 职工
4.22

刘根富　1956－1986
30年
动力车间副主任

曹宁
工艺部 部长

1972.9 → 2007.10
35年
3.14

张小成 (1976年——2017年)
42年
保卫处 主管
3.12

百年主要领导

　　群雁高飞头雁领，群羊奋进头羊带。华丰之所以能不断发展壮大、创造出百载芳华，并长期鹤立于全国造纸业之林，历任"掌门人"功不可没。自创立至今，历任领导一任接着一任干，不忘初心、砥砺前行，他们率领"华丰人"闯关夺隘，创造了一个又一个辉煌，同时，也在个人的人生里程中，书写了浓墨重彩的华章。他们是领导者，更是责任的承担者，他们活跃在不同的时代，却有着同样的荣耀。看着一张张肖像，读着一个个名字，我仿佛置身于一个个波澜壮阔的宏大场景中，仿佛看到了这些"掌门人"当年彷徨、激动、坚守、领导、组织、指挥的身影……

俞丹屏

公司创始人之一，1922年1月11日—
1931年任董事长。

竺梅先

1931年6月20日—1942年5月30日任
经理。

金润庠

公司创始人之一，1931年9月29日起
任公司协理，之后担任厂长、总经理
等多个重要职务直到1961年6月13日
病逝。

杜月笙

1931年6月20日—1937年任董事长。

鲁　哲

1949年6月21日—1949年9月30日任
厂党支部（第一任）书记。

张子敬

1952年12月10日—1954年7月30日
任厂党委（第一任）书记。

孟宪礼

1951年8月27日起任厂党支部书记，
1955年3月15日—1957年10月14日任
厂长，1956年8月12日起任董事长。

曹明忠

1951年5月起任厂团支部书记，1977
年6月12日—1983年4月23日任厂革
委会主任（厂长）。

李世刚

1983年4月23日—1984年11月20日任厂长。

解家善

1984年11月20日—1991年10月22日任厂长。

陆培成

1984年11月21日—1992年4月10日任党委书记，1991年10月22日—2012年任厂长，2000年12月20日—2008年任党委书记。

蔡道行

1993年10月2日—2008年7月27日任印尼蔡氏集团（蔡氏集团为中外合资华丰的外商投资方）总裁。

曾令均

1994年3月11日—1996年11月10日任总经理。

赵小萍

1999年4月21日—2008年8月8日任总经理。

黄胜利

2008年8月8日—2012年10月12日任总经理。

王海佩

2012年10月至今任公司党委书记、董事长、总经理、厂长。

华丰大事记

　　以时间为轴线，记录重大事件的方法古已有之。《史记》五种体例中的"表"就承担着这一功能，是今日所谓"大事记"的前身，这种方式为人们了解一段历史提供了较大的便利。百年华丰，经历了各种风风雨雨，有了这个"大事记"，人们可以更完整地了解华丰近百年的历程。

1922年1月，武林造纸公司（华丰造纸厂前身）创立，选举王湘泉、俞丹屏、蔡谅友、金溶仲、斯葵卿、韩守藩、周恭先、田时霖、徐青浦、汤拙存10人为董事，俞丹屏为董事长，倪幼庭为监事，唐月明为厂长，韩守藩为副厂长，下设总务、会计、原料、物料等部门。公司地址在小河和睦桥（旧编号为拱宸桥7号），注册资本为40万元旧法币。同年，委托上海华海建筑事务所设计全厂土建工程，由著名建筑学家柳士英担任总设计师。当年，向美国谢得尔兄弟公司订购93(83)宽、5网槽、40烘缸纸板机1台及配套设备，合计20万元旧法币，这是华丰的第一台造纸机。

1923年上半年，向谢得尔兄弟公司订购的造纸设备运抵杭州，发现是旧机器，遂向美方提出交涉，拒付尚未支付的款项。

1924年1月，第一台造纸机（1号机）投产，日产黄板纸15吨左右。

1927年1月，黄板纸销往东南亚地区，首次实现产品出口。同年，反对"三座大山"的工人斗争此起彼伏，公司工人积极加入其中，举行罢工、示威、游行等斗争。

1928年11月，民国政府批准"金鸡牌"注册商标。

1929年6月，公司因无力偿还大有利电灯公司的45万元旧法币借款，被浙江省建设厅裁定没收，并面向社会拍卖以抵债。7月，上海竟成造纸公司以40万元旧法币（先期支付12万元旧法币）拍得武林造纸公司，改名为"竟成造纸公司第五厂"，注册商标"金熊牌"，蔡永成任厂长。下设机构有厂务、制造、庶务、引擎等，同时开始实行工头制，机制草纸、冥洋纸板、平张黄板纸等新产品投放市场。

1930年，纹工纸板、单灰纸板、双灰纸板、单白板纸、双白板纸等新产品投产。

1931年第二季度，因上海竟成造纸公司拖欠标金，浙江省建设厅裁定取消其得标资格，工厂被收回。5月30日，重新以28万元旧法币的标的出让武林造纸公司，竺梅先、金润庠、叶荫三联合以29.05万元旧法币得标，更名为华丰造纸厂。资本总额为50万元旧法币，分为5000股，每股100元。6月，华丰造纸股份有限公司在上海成立，杜月笙为董事长，竺梅先为经理，金润庠、叶荫三为协理，张德明任厂长。九一八事变爆发后，竺梅先、金润庠等人在上海组建战地医院，救治十九路军伤员。

1932年5月，公司开始使用"龙牌"商标。10月，华丰、民丰、大华、华盛、振华5家造纸企业在上海联合组成中国纸板行业联合委员会，叶荫三为委员长，并设立国产纸板联合营业所，张德明任所长。

1933年，公司聘请奥地利造纸专家爱希尔·恩槎和浙江大学教授潘承圻为公司顾问。

1934年，厂办私立华丰小学开学，刘圭瓒兼任校长。

1935年，公司总产量为7734吨，利润达20.58万元旧法币。

1936年，原料堆场稻草自燃，引起大火，损失惨重。

1937年8月，八一三沪战爆发，国产纸板联合营业所被迫解散；同月，竺梅先在上海设立国际红十字会伤兵医院、国际灾童教养院，并捐献1架战斗机以支援抗日。12月24日，杭州沦陷，工厂被日军占据。

1938年10月，日方多次要求与竺梅先合作，均遭严正拒绝。

1939年10月，在日本人设宴庆祝"开工一周年"的当天，工人赵金城等4人炸毁汽缸，全厂瘫痪。日本宪兵抓获了"肇事者"，对其严刑拷打，后赵金城等人择机逃脱。

1941年，被炸毁的汽缸修复，恢复生产。当年，工厂被改名为杭州造纸厂，日商浅岗信夫任厂长。

1942年1月22日，公司创始人俞丹屏病逝，享年70周岁。5月30日，竺梅先病逝，享年53周岁。12月，金润庠任经理。同年，浅岗信夫与金润庠签订工厂租赁契约，租期5年。

1943年2月，连宝登组织工人罢工，日本宪兵队逮捕连宝登，强迫工人复工。

1945年6月，金润庠召开会议，研究抗战胜利后从日方接收工厂事宜。9月，收回工厂。12月，改经协理制为总经理制，金润庠为总经理，刘圭瓒为厂长。

1946年2月，私立华丰小学改名为华丰职工子弟小学，徐锦华兼任校长。3月，公司同仁联谊会成立，陈晓岚任理事长。7月，聘任吴贤哲为厂长。11月，厂医务室成立。同年，取消工头制。

1948年4月，厂区至市区的交通车开通。10月，两班12小时工作制改为三班8小时工作制；同月，第一台长网卷烟纸机(2号机)竣工投产，生产的卷烟纸借用民丰厂"船牌"商标。

1949年1月，《公司职工死亡抚恤金暂行办法》试行。4月，护厂队成立，张悦义任队长。5月3日，杭州解放，在中共地下党党员曹明忠的带领下，工人们到祥符桥迎接解放军入城；同月，杭州市军管会委派军代表俞瑞德进驻工厂。6月，中共华丰造纸厂支部委员会成立，鲁哲任书记。9月，新民主主义青年团华丰支部委员会成立。9月，厂幼稚班成立。10月，厂工会成立。当年，3号造纸机竣工投产。

1950年5月，因资金危机，全厂被迫停产，后在省、市政府的大力扶持下恢复生产。10月，全厂开展镇压反革命运动；同月，厂职工业余学校开学。12月，杭州市公安局抽调12名队员进驻，担任保卫工作。当年，厂保健站成立。

1951年4月，"船牌"商标停止使用，改为"龙牌"商标。4月，张小毛、詹宝福光荣地出席浙江省第一次工人劳动模范大会。5月，曹明忠任厂团支部书记。8月，孟宪礼任厂党支部书记。当年，为支援抗美援朝，华丰厂捐献战斗机1架，金润庠等资方捐献战斗机2架，职工集资捐献战斗机3架。

1952年1月，全厂开展"五反"运动。4月，第一届工会会员代表大会召开。8月，金志朗任副厂长。11月，成立厂职工互助储金会。12月，成立中共华丰厂委员会，张子敬任书记。

1953年3月，1000多平方米的新办公大楼竣工。10月，公司董事会向浙江省人民政府申请公私合营，次月被批准。同年，复写原纸、机制桑皮纸、小本烟纸等新产品试制成功，职工食堂和1000平方米的休养所建成并投入使用。

1954年9月，陈樛瀚、樊福棠、林良月、倪文锦、詹宝福5位职工被授予"浙江省劳动模范"称号。同年，周连章首创盘纸引纸法成功，徐继明创丝线引纸法成功。

1955年3月，孟宪礼任华丰造纸厂厂长兼党委书记，金润庠任公私合营华丰造纸厂经理。9月，厂体育协会成立。11月，厂专职消防队成立。

1956年1月，厂"肃反"领导小组成立。7月，厂第一个五年计划完成（提前了一年半）。8月，《华丰工人报》创刊。10月10日，尼泊尔首相阿查雅来厂参观。11月，轻工业部决定，自次年1月1日起，华丰厂由轻工业部直接管辖。当年，华丰厂被评为"全国造纸工业社会主义厂际竞赛先进单位"。

1957年1月，第一届第一次职工代表大会召开。2月，自行设计、制造的国内第一台蜂巢式真空伏辊投入使用。5月，职工家属沙萍出席全国职工家属代表大会，任浙江代表团副团长，受到了毛主席、周总理的亲切接见。6月，轻工业部部长沙千里在华丰主持召开全国造纸行业生产管理交流会。9月，平张卷烟纸首次出口至埃及等国。10月，赵仰群任厂长；同月，副厂长沈德林等6人被划为"右派"，1978年予以平反。

1958年4月9日，国家副主席朱德视察华丰。7月，杭州市委书记王平夷来厂做形势报告；同月，国内第一张青壳纸试制成功。9月，厂民兵团建立。10月，华丰工业学校开学。12月，田冰任厂长。

1959年3月，卷烟纸打浆连续化、输浆自动化技术革新成功。6月12日，朝鲜副首相郑一龙率工业参观团来厂考察。当年，生产技术科青年突击队被评为"全国先进集体"。自行设计制造的7号机、8号机、9号机先后竣工投产。

1960年8月，王友水任党委书记，金照仁任厂长。12月23日，柬埔寨第一副首相涅刁龙率经济代表团来厂参观。同年下半年，华丰厂职工子弟学校初中班开学，10号机、12号机竣工投产。

1961年2月，浙江省人民委员会决定，华丰厂隶属关系划归浙江省轻工业厅。6月13日，金润庠在上海病逝，享年71周岁，国务院总理周恩来敬献了花圈。

1962年5月，匡殿宾任党委书记，王友水任厂长。

1963年1月，轻工业部决定，华丰厂划归轻工业部直接管辖。2月，厂第一次党代会召开。

1964年5月，"新五反"运动在全厂开展。

1965年6月，设立华丰援外办公室。10月，第一台3200千瓦变压器安装竣工，投入运行。12月，1号机易地改造。

1966年6月，国内第一台罗茨真空泵仿制成功。9月，厂"文革筹备委员会"成立，薄振东任主任。同月，公私合营华丰造纸厂更名为国营红旗造纸厂。当年，改造后的1号机竣工投产。

1967年1月，厂"红色风暴造反队"宣布夺取党、政、财、文等一切大权。2月，厂"革命造反派联合指挥部"成立。12月，厂革命委员会成立。

1968年2月，空五军"支左"部队进驻。3月，厂两大派别组成"革命大联合"，宣布撤销所有科室，成立政治、生产、后勤3个办公室，大部分科室干部被下放到车间劳动。5月，供销科、原料科、行政科及各车间成立革命委员会。6月，成立"清阶"领导小组。8月，召开厂"公判大会"，许多干部、职工蒙冤受屈。

1969年1月，厂隶属关系划归杭州市轻工业局。8月，原道平(军代表)任厂革委会主任；同月，自行设计、制造的4号机竣工投产。11月，供销科、原料科、行政科及各车间改为连队编制，其他科室为独立排。

1970年2月，"一打三反"运动在全厂开展。3月，厂"工代会"成立。8月，薄振东任厂党委书记兼革委会主任。

1971年2月19日，柬埔寨国家元首诺罗敦·西哈努克亲王来厂参观。

1972年6月，自制碳酸钙工程竣工投产；同月，撤销连队编制，恢复车间、科室建制。

1973年12月，"批林批孔"运动开始，浙江省造反派头目翁森鹤等人来厂做"辅导报告"。

1974年3月，全厂开始突击发展党员、突击提拔干部的运动。6月，陶志根任厂党委书记兼革委会主任；同月，知识青年上山下乡办公室成立。

1975年，根据中央〔1975〕16号文件指示的精神，部分"双突"人员回原岗位工作。

1976年，新产品描图纸试制成功。当年总产值为4120万元，利润为998万元。

1977年3月，"七二一工人大学"开学；同月，开展"揭批查"运动。6月，张松文任党委书记，曹明忠任革委会主任。10月26日，对外经济联络部部长陈慕华来厂视察。

1978年2月，获"杭州市工业学大庆红旗单位"称号。3月，被命名为"浙江省大庆式企业"。同月，厂革委会主任、副主任改称厂长、副厂长。4月，"双打"(打击阶级敌人破坏活动、打击资本主义势力猖狂进攻)运动开始。6月，红旗厂被列入杭州市第一批恢复奖金制度单位名单。9月，1号卷烟纸在全国质量评比中获第一。11月，厂长曹明忠倡议在全厂开展"节约一斤煤、一度电、一张纸、一块浆"的活动；同月，成立厂职工业余学校教育管理委员会。12月，红旗造纸厂恢复原厂名华丰造纸厂；同月，恢复《华丰工人报》，撤销《红旗工人报》。

1979年3月，自行设计、制造的6号机竣工投产。4月，全厂召开平反大会，宣布推倒"文化大革命"期间强加在干部、职工头上的一切政治"帽子"。5月，开始推行全面质量管理。6月，实行"一奖、二优、三免"的独生子女优待政策。同年，被授予"全国物资工作先进企业"称号。

1980年6月，轻工业部批准新建"1880"造纸机2台。当年，撤销知识青年上山下乡办公室，"龙牌"牛皮箱纸板在全国质量评比中名列第一。

1981年7月，外销卷筒拷贝纸试制成功。12月，中国造纸协会能源专业技术委员会在华丰厂设立，于广明兼任主任。

1982年10月18日，厂草场发生重大火灾，13000担稻草及一座塔吊被烧毁。同年，全国总工会授予华丰厂"全国职工体育工作先进集体"称号，浙江省人民政府授予詹少文同志"省劳动模范"称号。

1983年4月，李世刚任华丰厂厂长。9月，自行设计、制造的新10号机竣工投产，1—9月百元产值利润率、百元销售收入利润率列全国同行业首位。当年，"龙牌"牛皮箱纸板在全国质量评比中蝉联第一，2号牛皮箱纸板荣获中国纸制品科学成果一等奖，载体纸板荣获浙江省"四新"产品奖。

1984年3月，开展"五讲四美三热爱"活动。11月，解家善任厂长，陆培成任党委书记。当年，杭州市人民政府授予华丰厂"市节能先进企业"称号。由于载体纸板的成功研制，华丰厂还被中国包装协会授予科技成果一等奖。

1985年1月，实行厂长负责制、行政干部聘任制。6月，成立厂环境保护委员会。8月，浙江省人民政府授予华丰"六好企业"称号。10月，厂派出所成立。12月，厂配气站建成，开始使用杭州热电厂的蒸汽；同月，企业工资制度改革，实行"工资总额包干与上缴税利挂钩浮动"制度。

1986年7月，出口卷烟纸恢复"龙牌"商标。10月，进口废纸代替木浆生产牛皮箱纸板项目在1号机试制成功。同年，获"全国轻工业优秀质量管理企业""全国轻工业环境保护先进集体""省群众体育先进集体""浙江省共青团工作先进集体"等称号。

1987年1月，卷烟纸的生产销售由指令性计划改为指导性计划。2月，节约一度电、一滴水、一斤汽、一张纸、一张毛毡、一张铜网、一滴碱、一两增白剂、一滴油、一颗螺丝钉的"十个一"活动全面开展。8月，为全厂职工投保简易团体人寿险；同月，由家属组建的独立核算的印刷厂改为印刷车间。9月，与杭州市轻工业局签订为期4年的经营承包合同。10月，成立厂管理委员会，解家善任主任。12月，授予"跳马王子"楼云"华丰名誉职工"称号。

1988年5月，与余杭和兴造纸厂联营。6月，通过国家二级企业考评。11月，与浙江大学联合开发的1号机过程计算机控制和"O"型扫描机两项技术通过鉴定。

1989年6月，聘任20名高级职称、68名中级职称、224名初级职称的专业技术人员。同年，被国务院发展研究中心列入"中国最大规模、最佳效益五百家工业企业"名单。

1990年9月，首期职工"两基"教育培训班开学；同月，重点技改项目——6号机技术改造工程完成。当年，被国家档案局授予"国家一级企业档案管理合格单位"称号。

1991年8月，全厂职工为安徽洪水灾区募捐人民币7000元、粮票1300斤。10月，陆培成任厂长。同年，华丰被评为"浙江省节能十年样板企业"，厂电视台被评为"杭州市有线电视先进集体"，动力车间上煤小组获"全国五一劳动奖"，牛皮箱纸板产品、挂面箱纸板产品均获中国造纸业"蔡伦奖"。

1992年2月4日，浙江省委书记李泽民、杭州市委书记吴仁源等来厂慰问节日加班的职工。7月，一车间实行分厂制，五车间实行全额承包制。11月，三、四车间开始实行全额承包制。12月3日，印尼蔡氏集团总裁蔡道行来厂考察，并签署了合资意向书。

1993年1月26日，陆培成厂长在国有大中型企业座谈会上，向国务院副总理朱镕基汇报了企业存在的困难和出路问题。3月，中国烟草专卖局局长江明来厂视察。9月，华丰工贸实业总公司成立。10月，华丰造纸厂与新加坡海外发展有限公司合资成立杭州华丰纸业有限公司和杭州新丰纸业有限公司，两家合资公司总投资为5300万美元，中方占35%，外方占65%。

1994年3月，杭州华丰（新丰）纸业有限公司首届董事会成立，汤国明任董事长，曾令均任总经理。6月，华丰纸业有限公司与杭州轻工实业总公司合资创办的杭州轻华热电有限公司成立。

1995年4月，7号机技改项目完成，这是华丰历史上最大的技术改造项目，并于6月生产出了HH150高档卷烟盘纸，填补了国内空白，邹家华副总理为此发来贺电。7月，公司取消原固定工制度，全面实行劳动合同制。

1996年5月，评出首届"华丰十佳青年岗位能手"。8月，8号机厂房开建。当年，全国总工会授予工会主席詹长根"全国模范工会干部"称号，公司被授予"省外商投资先进技术企业"称号。

1997年4月，公司成立ISO9000标准质量认证领导小组，陆培成任组长。7月，陆培成提出"华在自强、丰在科技、精在管理、神在创新"的华丰精神。同年，HH150高档卷烟纸被认定为国家新产品，"龙牌"卷烟纸被认定为浙江省名牌产品。全年实现工业总产值16042万元，总产量31965吨，销售收入32279万元，税利合计4455万元。

1998年4月，4号机停止生产。5月，公司被列为省"五个一批"重点骨干企业。8月，5号机停止生产。

1999年5月，"华丰生产经营管理信息系统"通过省级鉴定；同月，公司实行免费工作餐制。6月，3号机停止生产。

2000年4月，杭州市委书记王国平来公司调研。5月，公司首次向人才市场招聘中高层管理干部。

2001年3月，对全体员工按岗位、按责任进行工资调整。7月，公司子弟学校划归杭州市拱墅区教育局。

2002年1月，举行建厂八十周年庆祝活动。3月，华丰与香港旭荣公司共同投资设立杭州华晶钙业有限公司，总投资为700万美元，生产卷烟纸专用高品质碳酸钙系列产品，设计年产能为2万吨。

2003年11月，公司地址由原来的和睦路155号更改为和睦路555号。12月，9号机厂房动工。

2004年3月，因30g/m²TY160−uS烟纸存在重大质量问题，武汉卷烟总厂停止使用该产品6个月。痛定思痛，华丰为此进行了全面整改。6月，二届七次董事会在新加坡召开，任命黄胜利为董事长，赵小萍为总经理。10月，华丰退休工人实现社会化管理。11月，1号机停止生产。

2005年4月，2号机停产。7月，8号机2.6万平方米配套成品库投入使用。10月，6号机、11号机停产。

2006年9月，郑春新任公司党委书记。当年，先后关停了油库、加油站、浴室、招待所和医务室。

2007年1月，销售人员实行"底薪＋奖金"的考核办法。2月，将闲置的厂房出租。

2008年2月，撤销厂专职消防队，原消防队员组建保安组。5月，汶川大地震中公司捐款10万元，职工募集5万元，蔡道行先生捐献300万美金。7月27日，蔡道行先生因心脏病医治无效在新加坡逝世。8月，总经理赵小萍辞职，黄胜利接任。同年，位于三墩的3万平方米的仓储土地被征用。

2009年3月，被杭州市人民政府授予"社会责任建设先进企业"称号。4月，公司质量管理体系按"ISO 9001：2008标准"正式启动。

2010年1月，组建浙江安吉天子湖热电有限公司。12月，公司能源管理体系通过审核，华丰成为国内造纸行业首家"能源管理体系单位"。

2011年3月，12号造纸机停产。

2012年10月，王海佩调任华丰（新丰）纸业有限公司总经理。同年，华丰的外资部分又被重新收购回到国有。

2013年11月，召开股东大会，就公司搬迁事宜做出决议。

2014年7月，安吉项目完成立项和注册工作。该项目占地284亩，总投资17.8亿元，主要生产高档卷烟纸及卷烟配套产品，设计年产能为6.5万吨。

2015年11月，项目指挥部成立，公司进入全面建设阶段。

2016年7月，华丰、ALLIMAND、苏美达三方签订PM3项目合同。12月，PM2试制成功。

2017年1月，9号机关停；同月，浙江华丰纸业集团有限公司成立。3月，PM1试制成功。4月，成立职工安置领导小组，全面部署安置分流工作。

2018年1月，老华丰厂被列入中国工业遗产保护名录第一批名单。4月，新公司第一届职工代表大会第一次会议召开，公司党委书记、董事长、总经理王海佩与职工代表签订《工资协议》《集体劳动合同》，并向全体职工发出"不忘初心、改革创新、扭亏争盈、实现双赢"的倡议。

物　件

　　　　人与动物的最大区别是人能在意识指导下独立自主地从事劳动。动物生活在自然环境中，人则更多地生活在自己创造的环境里。从居住的房子、穿戴的衣物到其他各种日常用品，人无不为种种物件所包围，可以说，物件成了人们生活的重要部分。在生产条件发达的现代，更新速度悄然加快，但让人们产生深深眷恋的还是那些老物件。透过老物件，人们感受到了浓浓的"过去的日子"的味道。华丰的这些老物件，有些和基本需求有关，如杯子、衣物，有些反映制度，如意见箱、投票箱。所有这些，都让人触摸到岁月的温度。

安全帽。

"文化大革命"期间，华丰造纸厂改为红旗造纸厂。

眼罩。

天平、锥形瓶等。

厂消防队员的装备。

不同时期的工作服。

油灯。

华丰造纸厂
食堂
菜票
壹分

华丰纸业有限公司
菜票
壹元

华丰纸业有限公司
菜票
伍分

华丰造纸厂食堂
菜票
弍角

华丰造纸厂食堂
菜票
壹角

华丰造纸厂食堂
菜票
伍厘

华丰造纸厂食堂
饭 50克

华丰造纸厂食堂
菜票
壹分

华丰造纸厂食堂
伍饭钱

华丰纸业有限公司
菜票
壹元

壹角

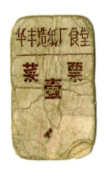

华丰造纸厂食堂
菜票

华丰造纸厂食堂
菜票
壹角

华丰造纸厂食堂
壹 饭 两

武林造纸厂食堂
饭 弍两

华丰造纸厂食堂
饭 25克

华丰造纸厂食堂
菜票
壹角

华丰造纸厂食堂
菜票
弍角

华丰造纸厂
食堂
菜票
壹分

武林造纸厂
食堂
壹分

华丰造纸厂食堂
菜票 壹
分

华丰造纸厂食堂
菜票 伍
厘

华丰造纸厂食堂
菜票
壹角

华丰精神

　　华丰能历经百年，除了正确的经营方法和先进的技术，还离不开精神上的指导和激励。在以"华在自强、丰在科技、精在管理、神在创新"为核心的华丰精神的指引下，一代又一代华丰人秉持以厂为家、一丝不苟、团结拼搏的优良传统，书写了华丰的百年辉煌。随着老厂区的搬迁，写有这些标语的场所多数已不复存在，但华丰精神将永驻每个华丰人的心中。

在方圆1000多亩的厂区内，多处写有十六个字的"华丰精神"。

1号造纸机。1922年，华丰创办时从美国进口的设备。

奖状、证件

　　一家企业能久负盛名，不仅需要雄厚的资金、先进的设备和技术的支撑，更需要全体员工对企业的认同感、归属感。而这些印有"华丰"字样的职工登记卡、福利卡、介绍信，以及授予集体和个人的荣誉等，都能够增强员工的责任感和自豪感。长期以来，华丰厂党委不断在凝聚人心上下功夫，效果显著，"为厂争光、以厂为荣"成为全体员工的人生态度。

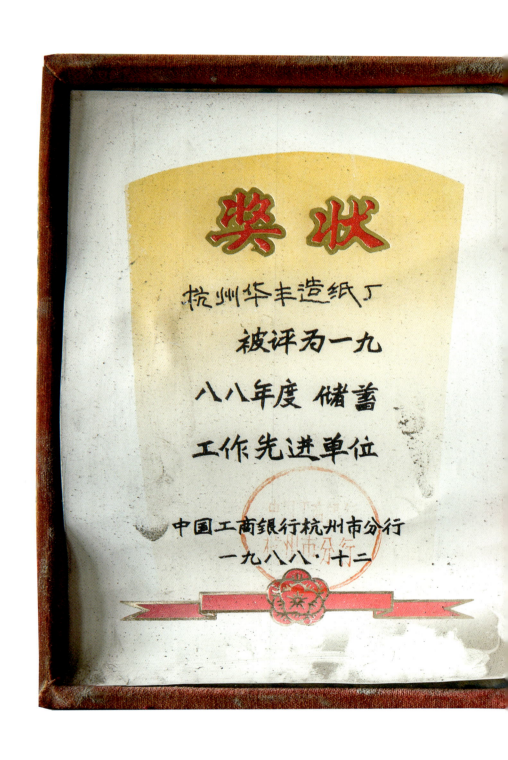

企业富了，职工的腰包鼓了，余钱便都存进银行，华丰获得"储蓄工作先进单位"这一荣誉也就顺理成章了。

授予：动力处办公室
工人先锋号
杭州华丰纸业有限公司工会
二〇一六年四月

授予：计量动力处办公室
工人先锋号
杭州华丰纸业有限公司工会
二〇一三年四月

授予 计量动力处
《安康杯》竞赛先进集体
华丰纸业公司工会
二〇〇九年五月

计量动力处荣获二〇一四年度「安康杯」竞赛活动
先进集体

《安康杯》竞赛先进集体
授予：计量动力处
华丰纸业有限公司工会
二〇一二年四月

计量动力处被评为二〇一三年度安康杯竞赛活动
先进集体
杭州华丰纸业有限公司工会
二〇一四年三月

公司第十四届消防
团体第一名
杭州华丰纸业有限公司
二〇〇八年

二〇〇七年度
『安康杯』竞赛先进集体
华丰纸业公司工会

授予：仓储处综合仓库组
工人先锋号
杭州华丰纸业有限公司工会
二〇一五年四月

一车间
先进集体

二车间被评为二〇一三年度安全·消防·治安综合治理
先进集体
杭州华丰纸业有限公司
二〇一四年九月

二车间评为二〇一六年度安全消防治安综合治理
先进集体
杭州华丰纸业有限公司
二〇一七年九月

授予：#10机丁班
工人先锋号
华丰纸业有限公司
二〇一二年四月

授予：仓储处综合小组
工人先锋号
杭州华丰纸业有限公司工会
二〇一三年四月

度安全、消防、治安综合治
先进集体

授予：#7机保全组
工人先锋号
华丰纸业有限公司工会
二〇一二年四月

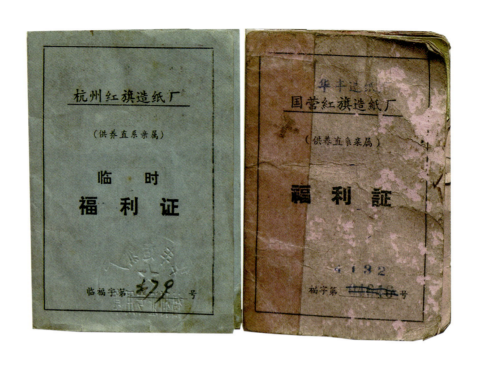

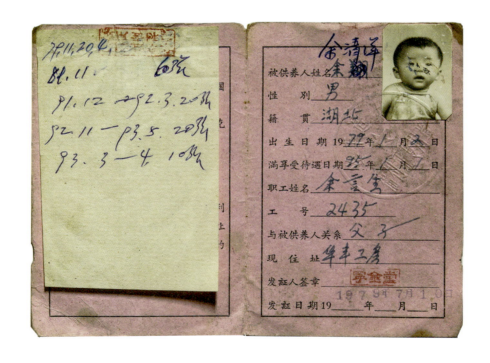

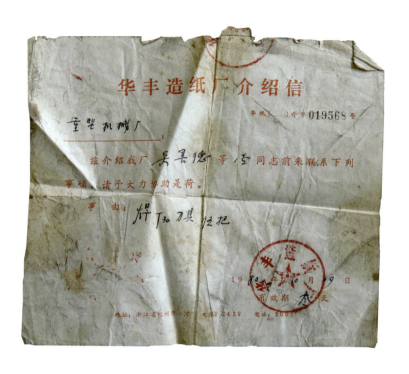

华丰造纸厂介绍信

华纸（ ）介字019568号

室型机械厂 ：

兹介绍我厂 吴景德 等 壹 同志前来联系下列
事项 请予大力协助是荷。

事 由： 焊T30刀具12把

1980年10月19日
有效期 叁 天

地址：浙江省杭州市小河 电报：2429 电话：3001

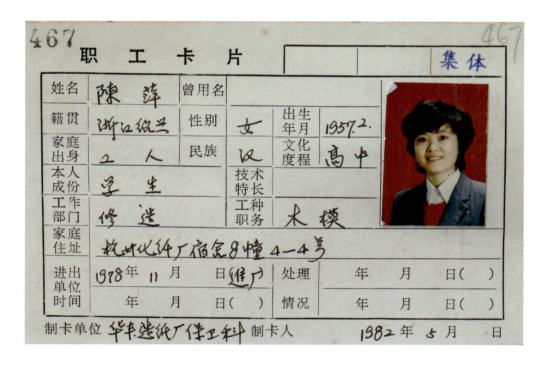

467

职 工 卡 片						集体
姓名	陳 萍	曾用名				
籍贯	浙江绍兴	性别	女	出生年月	1957.2.	
家庭出身	工 人	民族	汉	文化程度	高中	
本人成份	学 生	技术特长				
工作部门	修 造	工种职务	木 模			
家庭住址	杭州化纤厂宿舍8幢4-4号					
进出单位时间	1978年11月 日进厂 年 月 日( )		处理情况	年 月 日( ) 年 月 日( )		

制卡单位 华丰造纸厂保工科 制卡人 1982年 5月 日

467

拆　迁

城市的发展是一个从立到破、从破到立不断循环的过程。因土地资源节约化、生态环境改善的需要，老企业从市中心搬迁也就在所难免，正所谓不破不立。进入新世纪，在全球化的背景下，杭州与国内其他大中型城市一样，持续推进"城市有机更新"，大规模"腾笼换鸟""退二进三"，城市中一座座老工业企业被"关停并转"。作为杭州市区最后一家被列入"关停并转"名单的国有大中型企业，华丰造纸厂终于在2017年4月全面关停，进入人员分流安置、设备转移、厂房拆除的流程。

12号机在迁移中。因为当地政府（杭州市拱墅区人民政府）拟在华丰原址
兴建"杭州造纸博物馆"，所以许多老设备被保留了下来。

建　筑

建筑是凝固的音乐，它反映一个时代的精神特质。尤其是一些特殊的建筑，向人们揭示了当时制度的设置安排。如中华人民共和国成立后直到改革开放初的几十年中，国有大中型企业不仅是一个生产单位，也是一个"小社会"。华丰就是"企业办社会"的一个范例——既有各种各样不同时期建造的用于生产的建筑，也有卫生所、休养所、子弟学校等用于满足职工生活需求的建筑。

休养所旧址。

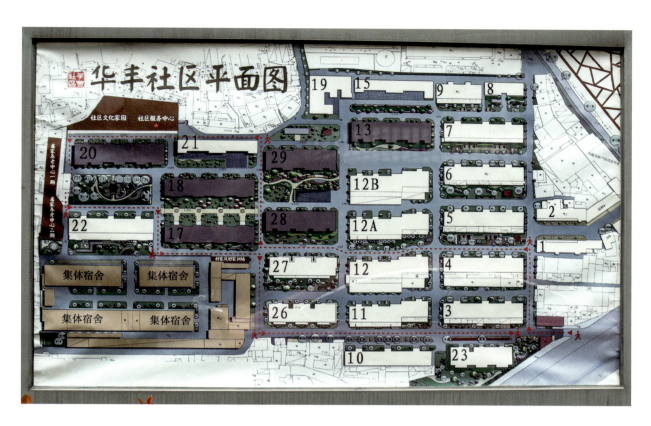

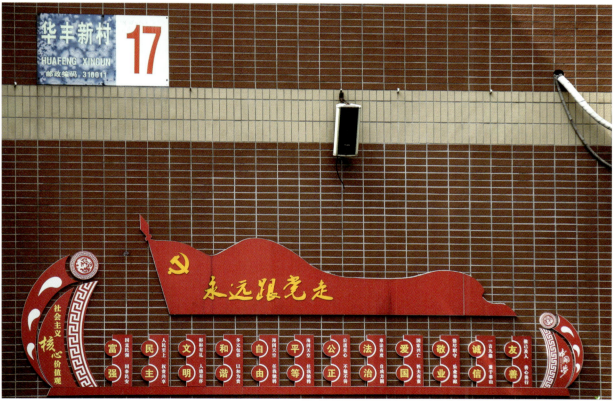

华丰社区。

员工食堂和金工车间。此建筑群将做永久性保留。

曾经的华丰子弟学校。后改名为杭州运河小学，并划归当地政府教育行政部门管辖。

卫生所旧址。

污水处理厂值班室。

二车间。

曾经的石灰窑。出于对工业遗存保护的考虑，此建筑将在修缮后做永久性保留。

行政办公楼，建于1954年。此建筑被列为永久性保留建筑。

原料堆放场。

瞭望塔。被列为工业遗存做永久性保留。

位于和睦路555号的厂大门

生产设备

设备是代表一家工厂综合实力和地位的"硬通货"。华丰的设备有许多显著的特点。一、设备先进。1922年就使用美国进口的机械造纸机,在国内造纸行业中是最早的。以后近百年中,陆续投入使用的造纸机性能都处于同期国内行业领先水平。二、设备众多。20世纪60年代初,就拥有13台造纸机。三、设备制造能力强。华丰使用的绝大多数造纸机是自行设计、自行制造、自行安装的,同时还大量向国内兄弟造纸厂提供"Made in Huafeng"的造纸机。四、设备齐全。除了造纸机,还拥有发电厂、碳酸钙厂、印刷厂、污水处理厂等系列附属配套设施。

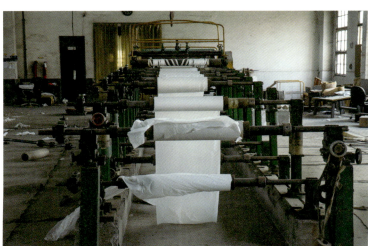

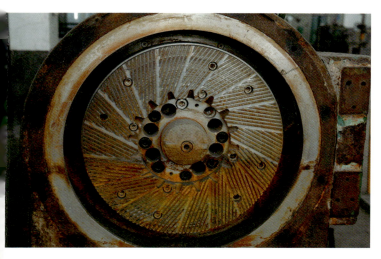

红色标语

载体多样、内涵丰富、紧跟时代的红色标语起着传达号召、凝聚民心的重要作用。截至拆迁时，华丰厂内留存的红色标语，基本上是十年"文化大革命"的产物、这是时代留下的印记。

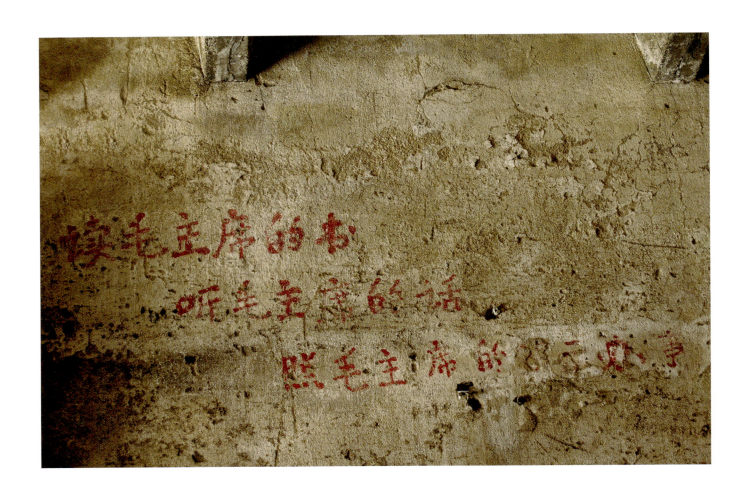

职工相册

这是1978年在职职工相册的部分内页。

破损的封面、泛黄的纸张、生锈的螺丝……岁月的痕迹在这本职工相册上一览无遗。翻开相册，2000幅1寸照片映入眼帘。也许他是一线工人，也许他是后勤人员；也许他是技术人员，也许他是管理干部；也许他没有文化，也许他是知识分子……无论何种身份，他们都为华丰的辉煌贡献了力量，是无产阶级的组成者。

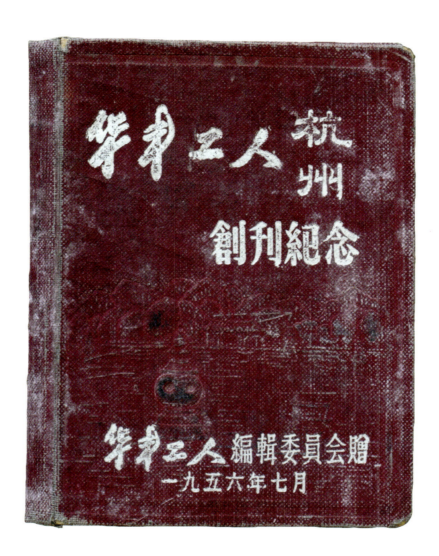

2017年4月28日，华丰厂老厂区全面停产，新华丰在安吉建成投产。

《百年华丰》视频

后 记

叶黎明

　　进入新世纪，随着城市化、工业化进程不断加速，城市中老工业基地占地面积大与新型城市建设空间受限、传统企业污染严重与人们对生态建设需求急剧提升这两对矛盾日益突出，城市中心区域老旧工厂的搬迁就成了题中之义。至2015年，杭州市区内几乎所有的大型工业企业都已关停。此时，华丰造纸厂的搬迁便列入了市、区政府的议事日程。华丰造纸厂不但历史悠久，而且对国家、对社会的贡献巨大，人们对她的感情更是非同一般。为了尽可能地留住人们对她的记忆、情感，再现她近百年的峥嵘岁月，笔者竭尽所能，利用工作之余，花了近两年的时间进行了大量的实地走访调研和采访工作、拍摄、整理了此书。

　　在本书的选题、拍摄、整理、编辑等各个环节中，华丰造纸厂、华丰社区、拱墅区政协、和睦街道等单位以及我的家人、傅拥军、潘杰、周志辉、毛小芳、应玉兰、余文华、吴军荣、廖雄、陆培成、赵刚、孙云翔、王芯克、申屠家杰、陈向文等给予了大力支持。在此，谨对所有给予本书帮助的单位、个人表示衷心感谢。

　　由于水平所限，书中定有欠妥之处，敬请广大读者提出宝贵意见。

2019年8月

策划/监制　郑幼幼工作室
责任编辑　方　妍
责任校对　高余朵
责任印制　汪立峰
书籍设计　邢天谣　蔡林娜

图书在版编目（CIP）数据

百年华丰 / 钟黎明著. ——杭州：浙江摄影出版社，
2020.8
（城市影像档案 / 傅拥军主编）
ISBN 978-7-5514-2676-3

Ⅰ. ① 百… Ⅱ. ①钟… Ⅲ. ①造纸工业－工业企业－
企业史－史料－杭州－图集 Ⅳ.①F426.83-64

中国版本图书馆CIP数据核字（2020）第136483号

城市影像档案 / 傅拥军主编
BAINIAN HUAFENG
百年华丰
钟黎明　著

全国百佳图书出版单位
浙江摄影出版社出版发行
地址：杭州市体育场路347号
邮编：310006
网址：www.photo.zjcb.com
电话：0571-85151082
制版：台州经纬文化传播有限公司
印刷：浙江经纬印业股份有限公司
开本：889mm×1194mm　1/16
印张：16
2020年8月第1版　2020年8月第1次印刷
ISBN 978-7-5514-2676-3
定价：398.00元